SENZA AVERTI QUI

Sofia J. Ross

Copyright © 2023 Sofia J. Ross - Tutti i diritti riservati.

Prima edizione: Luglio 2023

Nessuna parte di questa opera, inclusi testi, immagini, grafica o qualsiasi altra forma di contenuto, può essere riprodotta, distribuita, trasmessa, memorizzata in un sistema di recupero delle informazioni o utilizzata in qualsiasi forma o con qualsiasi mezzo, sia esso elettronico, meccanico, fotocopiatura, registrazione o altro, senza il previo consenso scritto del detentore dei diritti d'autore.

Tutte le citazioni o riferimenti tratti da questa opera devono essere debitamente accreditati all'autore o al detentore dei diritti d'autore, conformemente alle leggi sul diritto d'autore vigenti.

La violazione di questi diritti d'autore sarà perseguita secondo le leggi nazionali e internazionali sul diritto d'autore.

Si prega di rispettare il lavoro dell'autore e di ottenere il permesso appropriato prima di qualsiasi utilizzo non autorizzato o riproduzione di questa opera.

Prefazione

Senza averti qui di Sofia J Ross è un libro che esplora i temi del dolore, dell'amore, dell'abbandono e della guarigione. Va oltre una semplice raccolta di prose e poesie, offrendo un'esperienza completa della femminilità. L'autrice invita i lettori a affrontare i momenti difficili della vita attraverso la poesia, rivelando che il bene è ovunque, basta aprirsi a vederlo. Le parole di Sofia J Ross sono dure, commoventi, leggere e sconcertanti, toccando profondamente il cuore di coloro che cercano conforto e coraggio nella forza della poesia e della sincerità. *Senza averti qui* è una poesia onesta che narra le esperienze quotidiane e collettive dell'universo femminile contemporaneo, un'opera che ogni donna dovrebbe avere vicino a sé come un compagno prezioso. È un invito a celebrare la femminilità, a trovare conforto nella condivisione delle esperienze e a scoprire la bellezza e la forza nel proprio io autentico.

Prendi questo libro tra le mani come un dono prezioso, come un compagno di viaggio che ti sostiene lungo la strada verso la guarigione. Lascia che le parole risuonino nel profondo del tuo essere e ti guidino verso una nuova luce positiva, ti ispirino a rialzarti, a credere ancora nell'amore e a scoprire la meraviglia di un cuore che si apre alla possibilità di amare ancora.

senza averti qui

Non riesco a ricordarmi di dimenticarti...

senza averti qui

Amati abbastanza
da prendere la decisione
di andartene
quando non riceverai
più il rispetto
che meriti

senza averti qui

C'è un mare
di lacrime
nascoste dietro
al mio sorriso.
Un dolore invisibile
ma profondo,
che annega
il mio cuore.

Ti prego,
non fraintendermi
se smetto di cercarti.
Non significa che non mi importi,
anzi, mi importa fin troppo.
Ma non posso più soffrire così,
è ora di pensare alla mia vita.

Sì, ti ho dimenticato,
ma qualche volta
ti penso ancora.
Qualche volta
tipo *sempre*.

senza averti qui

Ci sono piccole cose di te,
insignificanti all'apparenza,
che non dimenticherò mai.
Sono quelle cose che
sembrano nulla,
e rimangono più forti
di ogni altra cosa.

Vorrei che mi vedessi
quando la sera torno a casa
e cerco disperatamente
di non pensarti,
di *dimenticarti*,
di cancellarti dalla mia mente,
fallendo miseramente
ogni volta.

senza averti qui

Ti ho fatto fuori
dalla mia vita,
ma la pistola carica
me l'hai data tu.

senza averti qui

Non è la tua assenza il problema,
ma l'assenza di ciò
che eravamo insieme,
la mancanza di *noi*.
Insieme eravamo
qualcosa di unico,
purtroppo di irripetibile.

senza averti qui

Perchè *amare*
dura così poco,
e *dimenticare*
dura così tanto?

senza averti qui

È così strano,
dopo mille promesse,
mille belle parole,
mille baci,
mille abbracci,
mille sguardi e
mille farfalle nello stomaco,
pronunciare cinque parole:
io non ti amo più.

senza averti qui

La cosa più triste
a questo mondo
è amare
qualcuno che
non ti ama più.

senza averti qui

Il cuore è un organo
resistente ma fragile.
Quando si spezza,
fatica a guarire,
e anche quando guarisce
e torna a battere,
non batte più come prima.

senza averti qui

Ho cancellato il tuo numero,
ma lo conosco a memoria,
ho cancellato i tuoi messaggi
ma ricordo tutto ciò che mi hai scritto,
non ci parliamo più,
ma non dimenticherò mai il suono della tua voce,
non ci abbracciamo più,
ma il tuo odore è ancora sui miei vestiti,
ogni cosa che abbiamo fatto insieme,
io la rivivo ogni notte nei miei sogni.

senza averti qui

Non potevo più fidarmi di te,
ogni volta che te ne andavi,
poi tornavi giurandomi
che non l'avresti più fatto.
Questa volta preferisco dirti
addio.

senza averti qui

Non credo
alle persone che tornano.
Io credo solo
a chi *rimane*.

senza averti qui

Il tempo rivela ogni cosa.
Non è importante chi dice
che sarà con te,
ma chi rimane al tuo fianco
quando tutti gli altri
se ne sono andati.

senza averti qui

Mi sentivo *sbagliata*,
ho cambiato tutto di me
pur di piacerti,
sentivo che non ero abbastanza,
finchè ho capito
troppo tardi
che quello *sbagliato*
eri tu.

senza averti qui

Ho passato un'estate intera a desiderarti,
a sperare che ti accorgessi
dei miei sguardi,
dei miei sorrisi,
poi una sera in spiaggia
ti ho visto con lei,
il mio cuore si è congelato,
è stato come l'inverno
ad agosto.

senza averti qui

Sei da ammirare
perchè non sei
lo specchio
di ciò che ti è stato fatto.

La vendetta,
un'illusione senza senso.
Guarisci,
copri le ferite con amore e pazienza.
Continua il tuo cammino,
non lasciare che il dolore
o l'oscurità ti trascinino indietro.
Non permettere a chi ti ha ferito
di influenzare il tuo futuro o
plasmare la tua essenza.
Non lasciarti corrompere,
non assomigliare a loro,
sii te stessa,
sii migliore,
brilla.

senza averti qui

Ci siamo lasciati da quasi un anno,
un anno che non ti vedo,
che cerco di non pensarti,
di dimenticarti,
ma ogni cosa
mi riporta a te.

senza averti qui

Ci siamo lasciati nel peggiore dei modi.
Non ci vediamo più,
non ci sentiamo più.

Ma nei luoghi dove siamo stati,
ci siamo ancora noi due...

senza averti qui

L'unica persona
che ho perso
e di cui avevo bisogno
era *me stessa*.

senza averti qui

Da quando mi hai lasciata,
tutto è più difficile,
pensavo di essere più forte,
di poter ricominciare
ma non ci riesco,
perchè ovunque io vada
continuo a vederti negli altri,
nei loro sorrisi,
nei loro sguardi,
nei loro modi di fare,
trovo una sfumatura di te
in ogni persona
che incontro.

senza averti qui

Ho sofferto tanto per te,
mi hai lasciata all'improvviso.
Ma sono sicura che
un giorno quando meno te l'aspetti
tutto ad un tratto
io ti mancherò.
Una domenica mattina,
ripenserai a noi e a
ciò che eravamo insieme
e sentirai un vuoto improvviso
allo stomaco,
tornerai a rivolere ciò
che era tuo e hai lasciato andare.
Vorrai tornare da me,
ma *io non ci sarò*.

senza averti qui

Ascolta il vento,
se porta con sé il mio nome,
perché nel suo sussurro,
io trovo il tuo.
Non era previsto,
che le nostre strade divergessero così,
era un legame ineguagliabile.

Meritiamo un'altra possibilità insieme.

senza averti qui

Devi essere libera di innamorarti.
Innamorati di qualcuno
con cui poter essere *fragile*
senza doverti difendere.

Mi hai lasciata qui,
nelle sabbie del tempo,
un'ombra di un amore
che svanisce nel vento.

Parole non dette,
sguardi che si perdono,
il silenzio profondo
di un destino sospeso.

Sulle labbra il rimpianto,
nei cuori il tormento,
le promesse infrante
nella notte del tempo.

Mi hai lasciata qui,
tra i frammenti del cuore,
ancora in cerca di risposte,
ancora in cerca di amore.

senza averti qui

Contano i *gesti*,
non le *parole*...

senza averti qui

La mia paura era perderti,
e così, ti ho perso,
come un fragile petalo al vento,
che sfiora il suolo e svanisce.

Nel buio della notte,
ancora ti penso e ti sento,
nella speranza che un giorno,
possa riaverti tra le mie braccia.

Ma per ora, mi rimane solo il rimpianto,
perché la mia paura era perderti,
e così, ti ho perso.

senza averti qui

Credo che a volte
le cose belle
finiscano affinchè
cose migliori
possano arrivare.

O per lo meno
mi piace pensarlo.

senza averti qui

Alla fine della storia
ci abbiamo perso entrambi:
io ho perso tempo,
tu hai perso *me*.

senza averti qui

Mi accompagna
questa strana sensazione,
non mi aspetto più nulla dagli altri.

Non so se ciò mi consola
o mi rende un'anima spenta,
se ciò mi fa bene
o mi rende deserta dentro.

senza averti qui

Credo che nessuno
sia così impegnato
da non poter stare con te,
se lo desidera.

Se lo vuole davvero,
troverà il modo
e te lo dimostrerà.

Se non lo fa,
lascia perdere
perchè significa
che *non ti vuole*.

Il resto sono solo
inutili *scuse*.

senza averti qui

Non aver paura
di perdere le persone.

Abbi paura di perdere te stessa
cercando di accontentare tutti.

senza averti qui

Il tuo amore per me
era come un abbraccio caldo
che scaccia il freddo dall'anima,
una luce che dissipava
le ombre del mio cammino,
una bussola che mi riportava a casa,
in ogni momento.
In ogni istante,
il tuo amore era sempre qui,
pronto a riscaldarmi,
a illuminarmi,
a trovarmi.

Ora qui è freddo e buio...

senza averti qui

Lascia che le persone ti perdano,
senza cercare di dimostrare il tuo valore,
perché chi ti apprezza davvero
lo saprà riconoscere.

senza averti qui

Solo perchè hai un cuore
buono e gentile
non significa
che gli altri
debbano approfittarsene.

senza averti qui

Anche se pensi
di avere tutto
quello che vuoi,
stai pur certa
che appena prima
di addormentarti
penserai all'unica cosa
che desideri davvero
e non hai.

senza averti qui

Ci siamo lasciati
nel peggiore dei modi.
Non ci vediamo più,
non ci sentiamo più.

Ma nei luoghi dove siamo stati,
ci siamo ancora *noi due*...

senza averti qui

L'unica persona
che ho perso
e di cui avevo bisogno
era *me stessa.*

senza averti qui

Ancora oggi,
dopo tutti questi anni,
mi dimentico di respirare
quando ti vedo.

senza averti qui

Se non sta facendo
nulla per trattenerti,
allora perchè stai
lottando per restare?

senza averti qui

E la cosa che fa più male
è continuare ad amarti
nonostante tu mi abbia
frantumato il cuore
in mille pezzi.

Sono mille pezzi di cuore
che continuano ad amarti,
e fa mille volte più male.

senza averti qui

Ho un grande cuore
e a volte lo odio,
penso troppo,
mi scuso troppo,
perdono troppo,
mi preoccupo troppo
di persone che
non si preoccupano di me,
mi sento in colpa
per cose su cui
non ho alcun controllo,
e mi sento sola
perchè ho paura
che non troverò
mai nessuno che ami
come amo io.

senza averti qui

Piangi, dolce anima, lascia andare il peso,
piangi, come rugiada che sfiora il terreno acceso,
piangi, e abbraccia la tua tristezza con coraggio,
piangi, perché ogni lacrima è un passo verso il sollievo,
piangi, e nel pianto ritrova la tua forza interiore,
piangi, liberando l'angoscia che il cuore ancora cela,
piangi, finchè le lacrime diventino fiumi di guarigione,
piangi, finché la tua anima possa finalmente sorridere.

senza averti qui

Amati!
Amati talmente tanto
da non permettere
più a nessuno
di farti sentire sbagliata.

senza averti qui

Ho abbandonato la gelosia
quando ho capito
che ognuno è libero
di andare dove vuole
e di perdere
ciò che vuole perdere.

senza averti qui

Quella ragazza
è cambiata ora,
la sua aura è diversa,
una luce nuova negli occhi,
si sente speciale
perchè dopo tanto soffrire,
finalmente,
ha deciso di scegliere
se stessa.

Alcune cose sono belle
semplicemente per ciò che sono,
non per ciò che potrebbero diventare.

Sono belle lì, sospese, intatte,
come un'opera d'arte
senza difetti o macchie.

senza averti qui

La miglior vendetta
è l'assenza di vendetta stessa.

Non diventare come
coloro che ti hanno ferito,
prosegui nel tuo cammino
e lascia che la *guarigione* avvenga.

senza averti qui

Nell'amarti
ho abbracciato il dolore più profondo,
fino a che un giorno
mi sono chiesta:

"perchè mi sto distruggendo
per una persona che
non mi vuole?"

e il dolore è sparito...

senza averti qui

Forse non era scritto
nei nostri destini,
un legame eterno tra noi due,
così diversi,
ma non rimpiango nulla,
perché ho amato
senza paura,
senza confini.

senza averti qui

Averti incontrato
non è mai stato un rimpianto,
ma amarti oltre ogni mia misura,
sperando che un giorno
tu potessi cambiare
è stato lo sbaglio
più grande
che ho commesso.

senza averti qui

L'amore mi ha delusa
così tante volte che ormai
ho perso il conto.

Ma la delusione
che mi ha fertito
più di tutte
è stata
non amare
me stessa.

senza averti qui

Hai mai dovuto dire
addio a una persona
ma dentro di te
sentivi una
voce che piangendo
urlava
resta?...

senza averti qui

Hai spezzato il cuore
della ragazza
che ti amava
più di quanto lei
amerà mai
se stessa.

Ciao cuore mio,
vorrei solo scusarmi,
per tutte le volte
in cui ti ho fatto soffrire.

senza averti qui

Smettila di pensare
a ciò che è andato male
e comincia a pensare
a ciò che potrebbe andare bene.

senza averti qui

Come hai potuto permettermi
di aprirti il mio cuore,
se sapevi che alla fine
te ne saresti andato?

senza averti qui

Non è la paura del dolore
ciò che mi spaventa,
ma il timore di non provare
più neanche quello,
la sensazione di essere
emotivamente insensibile,
essere come un guscio vuoto,
senza sensibilità latente.

senza averti qui

Credo che tu
non mi abbia
mai amato davvero,
perchè altrimenti
saresti qui
accanto a me.

Ma non ci sei,
e magari ora,
sei felice insieme
ad un'altra.

senza averti qui

Se penso a quanto
ero innamorata di te
un po' mi vergogno.

Mi vergogno perchè quello
che ho amato non eri davvero tu
ma una versione migliore di te
che mi ero costruita nella mente.

E quando ho capito che eri
come tutti gli altri,
ho provato pena per me stessa perchè
ho amato l'uomo che *tu non sarai mai...*

Sono sicura
che lei
non ti guarderà mai
come ti guardavo io.

Avevo occhi
solo per te,
il mio cuore
era solo tuo.

E quando
te ne renderai conto
vorrai tornare
da me.

Ma sarà
troppo tardi.

senza averti qui

A volte mi capita ancora di
aprire *whatsapp*
e rileggere le nostre
vecchie conversazioni.

A volte ho l'impulso irrefrenabile
di scriverti *"mi manchi"*
ma poi non schiaccio *invia*...

Non lo faccio perchè credo
che a *mancarci*
dovremmo essere in *due*...

senza averti qui

Sai quand'è che sento
davvero la tua mancanza?

Quando vorrei raccontarti qualcosa
ma non posso più farlo.

senza averti qui

Il momento peggiore,
prima di addormentarmi.

Non stiamo più insieme da un po',
ma arriva sempre quel maledetto momento.

La mia testa mi riporta
ai momenti felici con lui:

a quando mi faceva ridere,
a quando mi passava a prendere
col motore sottocasa,
a quando mi guardava e mi sorrideva,
a quando mi baciava.

Poi ricordo il giorno
che mi ha lasciato
e piango fino ad addormentarmi.

senza averti qui

Appena sveglia ho pensato
di scriverti il buongiorno,
ma poi mi sono ricordata
che non stiamo più insieme.

senza averti qui

A volte non ci rendiamo conto
che a tenerci attaccati ad una persona
non è l'*amore*,
ma la *paura*.

senza averti qui

Quante volte ho ripercorso i nostri momenti,
rivivendoli nella mia mente,
sentendo ogni emozione e brivido
come se stessero accadendo ancora
in questo preciso istante.

Quanto ti ho amato in silenzio,
cercando di fartelo capire piano piano,
senza esagerazioni,
perchè avevo paura che ti allontanassi.

Quanta paura ho avuto di perderti
fin dal primo istante in cui siamo stati insieme.

Sai quanto fa male adesso che non ci sei più?

Sai il *vuoto* che hai lasciato
nel profondo del mio cuore?

senza averti qui

Ma se è vero come dicono,
che tutti tornano
prima o poi,
perchè allora
tu non torni?

senza averti qui

Mi sono costruita
dei muri
intorno a me.
Non per tenere
fuori gli altri,
ma per vedere
a chi importa
abbastanza
da buttarli giù.

senza averti qui

Ci siamo
lasciati e
non lo avrei
mai creduto
possibile.

Dirai che è stata
colpa mia ma
entrambi sappiamo
la *verità*.

E' finita perchè
tu non hai voluto
combattere per la nostra storia
come ho fatto io.

senza averti qui

Ogni giorno
mi capita
di chiedermi
come due persone
come noi che
hanno condiviso
tutto fino a diventare
una cosa sola,
possano ora
essere solo
due *estranei*.

Io non riesco ad
accettare un tale
spreco di amore.

senza averti qui

Ero davvero convinta
che tu fossi la mia anima gemella.
Credevo che questa volta
sarebbe stato diverso.
Ho provato la sensazione
che fossimo connessi
da una forza superiore
all'amore stesso.
Non riuscirò mai
a capire come
la nostra storia
sia potuta finire
così male.

senza averti qui

E' inutile che
cerchi di fare
quello a cui
non frega niente
dell'amore.

Sono gli occhi che ti fregano...

senza averti qui

Non mi frega niente
che tu sia sempre con me,
a me importa sapere
che quando sei con me,
tu ci sia *davvero*.

senza averti qui

Prima di stare con te
non pensavo
fosse possibile
sentire così tanto
la mancanza
di qualcuno.

senza averti qui

La verità è
che io mi sento
quasi sempre
in trappola,
perchè non riesco
mai a descrivere
ciò che provo
realmente.

Se mi avessi amato davvero,
non mi avresti ferito,
non mi avresti mentito,
non mi avresti usata,
non mi avresti tradita.

E tu non sai cos'è l'*amore*,
non sai cos'è il *rispetto*.

Tu non mi meriti.

Debolezze.
Tu non ne avevi.
Io ne avevo una:
amavo.

senza averti qui

Ogni volta che
mi baci
sento un brivido
in ogni parte
del mio corpo

senza averti qui

È inutile
che fai finta
di niente
se poi
ti *brillano*
gli occhi..

senza averti qui

Sei
ogni
mio
punto
debole

senza averti qui

Ero lì per te
nei tuoi momenti di crisi,
ero lì per te
quando hai toccato il fondo,
ma dov'eri tu quando
quando io avevo
bisogno di te?

senza averti qui

E ora
certe porte
rimangono chiuse
semplicemente
perchè ho imparato
ad *amarmi*
un po' di più...

Quando soffri
sei convinta che
il dolore durerà
per sempre,
ma fidati che
non sarà così.
L'inverno farà
spazio all'estate.
Nessun inverno
dura per sempre.

Mi ingozzo
di emozioni
per poi
vomitare
delusioni.

senza averti qui

Passa il tempo
ma l'effetto
che mi fai
non passa mai.

senza averti qui

Quanto tempo
ho sprecato
a sognare
un futuro
con la persona
sbagliata.

senza averti qui

E forse è proprio questo che mi frega.
Essere pessimista ed immaginare già
come andrà a finire.
E rimanere delusa lo stesso,
perché in fondo
mi immaginavo
un finale diverso..

senza averti qui

A volte perdere
ciò che si voleva salvare
può essere la vera *salvezza*.

senza averti qui

Chissà se
mi cerchi
anche tu
tra la folla
quando sei
in giro..

senza averti qui

Un giorno mi amerai
come ti amo io,
mi penserai
come io oggi penso a te.
Un giorno piangerai per me
come io piango per te.
Un giorno mi vorrai,
ma io non vorrò più te.

senza averti qui

Il fatto è che
io lo amavo più di quanto abbia
mai amato qualcuno
a questo mondo,
ma non era *abbastanza*,
e lui se n'è andato come se fosse
la cosa più facile da fare
a questo mondo.

senza averti qui

Sai perchè non riesci
a lasciarlo andare?
Perchè, nonostante ti abbia fatto soffrire,
lui era l'unica cosa
a questo mondo
che sapeva capirti
e che ti rendeva felice..

senza averti qui

La delusione
è quel
a domani
che non
ci sarà mai.

Le persone non ci deludono,
siamo noi a sopravvalutarle
Loro sono quelle da sempre,
eravamo noi che avevamo bisogno
di vederle migliori.

senza averti qui

Parla con tutti.
Divertiti con molti.
Fidati di pochi.
Dipendi da nessuno.

senza averti qui

Mi devo le più grandi scuse
per aver sopportato
ciò che non meritavo.

senza averti qui

La persona peggiore con cui puoi stare
è quella che non vuole amarti,
ma non vuole nemmeno perderti.

senza averti qui

Se non ci fossimo mai incontrati
e io ti vedessi oggi per la prima volta,
io mi innamorerei di te.
Di nuovo,
nonostante tutto.

senza averti qui

Sai che non è stata colpa tua?
Sai che non avresti potuto fare niente
per cambiare quella situazione,
e che non avresti mai dovuto lottare
così tanto solo per essere *amata*?
Sai che meriti che i tuoi bisogni
e i tuoi sentimenti vengano *rispettati*?
Meriti di essere amata, supportata e confortata
durante i tuoi momenti più difficili
invece di essere abbandonata.
Non dimenticarlo mai.

senza averti qui

Non dovresti implorare
qualcuno di amarti.
Non dovresti implorare
qualcuno di preoccuparsi per te.
Non dovresti implorare
qualcuno di parlare con te.
E non dovresti implorare
qualcuno di mettere la vostra relazione al primo posto.
Se lo vogliono, lo faranno.
Non lasciare che le persone
diventino la priorità nella tua vita
quando tu sei solo un'opzione nella loro.

senza averti qui

La mia colpa non è averti amato,
la mia colpa è stata aver rinunciato
a tutto, persino a me stessa,
pur di provare quell'amore.

senza averti qui

Dovresti essere orgogliosa di te stessa
per il modo in cui hai affrontato
quest'ultimo periodo:
dalle battaglie silenziose che hai combattuto,
fino ai momenti in cui sei caduta
ma hai comunque deciso di rialzarti
per l'ennesima volta e guardare avanti.
Sei una guerriera.
Perciò fatti un favore e
celebra la tua forza.

www.ingramcontent.com/pod-product-compliance
Lightning Source LLC
Chambersburg PA
CBHW031126080526
44587CB00011B/1130